因子構造を持つ
確率的フロンティアモデルの推定
―日本のGDP成長率の要因分析―

堀江 哲史

三菱経済研究所

本書の目的と構成

　本書は因子構造を持つ確率的フロンティアモデルの推定と，日本のGDP（国内総生産）成長率への適用を試みる．生産面から見たGDPのモデルは，様々な関数でモデル化される．これらのモデル化は集計された労働投入量や資本投入量に対する定式化であるが，集計生産関数は現実をうまく近似できていない可能性がある．GDP成長率と，資本及び労働の関係を分析する研究は長年行われているが，想定するモデルによって，資本と労働の寄与率の推定値が大きく変わることが知られている．この分析結果は，生産関数の近似の失敗が一因として考えられるだろう．実証分析をするにあたり，労働や資本の指標として用いるデータにも問題がある．例えば，生産年齢人口と労働時間の指標を得られたとしても，労働者の教育水準によっては，労働投入量の指標は過大にも過少にもなり得る．資本投入量もその稼働率や老朽化の程度により，指標と現実の状況が乖離している可能性がある．

　本書では，こうした生産関数にまつわる諸問題を確率的フロンティアモデルと因子モデルを用いて回避することを試みる．確率的フロンティアモデルは，実際のGDPと，潜在的なGDPの乖離を明示的に回帰分析に組み込んだモデルである．本書では，上述した労働や資本の質をこの乖離と対応させて識別する．生産関数は因子モデルを通して推定する．因子モデルは，ある時系列データの集合が少数の時系列データを共有していると仮定するモデルである．因子モデルで生産関数をモデル化した場合，因子モデルが要求する仮定は，生産関数が線形であることのみである．そして，現実の労働投入量や資本投入量の実測

値を用いずに，GDP成長率の実測値から線形生産関数をまとめて逆算するため，計測誤差等に対して頑強な推定値を得られる．

本書は次のような構成となっている．第1章では成長会計，確率的フロンティア分析，因子分析それぞれの研究を概観する．第2章では因子構造を持つ確率的フロンティアモデルを構築し，その推定手法を確認する．本書では最尤法によってパラメータが推定され，推定量の一致性はモンテカルロシミュレーションによって確認する．第3章ではR-JIPデータベース2017のデータに因子構造を持つ確率的フロンティアモデルを適用し，推定される共通因子と技術的非効率性の系列を分析する．第4章では本書の総括をする．

謝辞

本書の執筆に際し，多くの方々にお世話になった．私の指導教官である山本庸平先生（一橋大学教授），そして，岩井克人先生（国際基督教大学客員教授，東京大学名誉教授）には，本書を執筆する機会を与えていただいた．滝村竜介常務理事（公益財団法人三菱経済研究所）に的確なコメントを頂き，研究指針や執筆の大きな一助となった．友人である石川貴幸氏，高橋済氏，萩原玲於奈氏，そして柿埜真吾氏からは，マクロ経済学と計量経済学の両側面から貴重なコメントを頂いた．三菱経済研究所のスタッフの方々からは，日頃から研究に専心できるように多くの気配りをしていただいた．この場を借りてお礼を申し上げたい．

2017年2月

堀江　哲史

目　　次

第 1 章　各分野の概観 ·· 1
　1.1　ソローモデルと技術進歩の実証研究 ·························· 1
　1.2　確率的フロンティアモデル ···································· 6
　1.3　因子モデル ·· 10

第 2 章　因子構造を持つ確率的フロンティアモデルの推定 ········ 17
　2.1　モデル ·· 17
　2.2　仮定 ··· 18
　2.3　推定方法 ··· 20
　2.4　シミュレーション ··· 22

第 3 章　実証分析 ·· 25

第 4 章　終わりに ·· 31

　参考文献 ··· 33

第 1 章　各分野の概観

　本章では次章以降の議論の基礎となる成長会計，確率的フロンティア分析，そして因子分析のこれまでの研究を概観することを目的とする．第 1 節では，ソローモデルや成長会計など，基礎的なマクロ経済学の知識に始まり，実証研究における技術進歩や計測誤差の扱われ方を確認する．第 2 節では効率性の分析で用いられる確率的フロンティアモデルを，成長会計と関連させながら確認する．特にここで取り上げる半正規分布と正規分布の和の確率密度関数の性質は第 2 章，第 3 章の推定で利用される．第 3 節では，因子分析の考え方や推定方法を概観し，Bai and Li (2016) による最尤推定が，確率的フロンティアモデルで仮定しなければならない半正規分布と正規分布の和の分布に影響を受けないことを確認する．

1.1　ソローモデルと技術進歩の実証研究

　経済成長論はマクロ経済学の大きな柱の 1 つであり，理論と実証の両側面から長年研究されている．ソローモデル[1]や成長会計は古典的な研究分野であり，経済の成長に寄与する労働投入量や資本投入量といった要因を大まかに捉えることができる．今，t 期における GDP を X_t，資本ストックを K_t，労働人口を L_t，そして，設備投資を I_t とす

---

[1]ソローモデルは様々な教科書で詳説されている．例えば，二神・堀 (2017) を見よ．

る．この時，次の 2 本の式がソローモデルの基本的な構成要素である．

$$X_t = G(K_t, L_t) \tag{1.1}$$

$$K_{t+1} = I_t + (1-\delta) K_t \tag{1.2}$$

ここで G は生産関数，δ は資本減耗率を表す．(1.1) は K_t と L_t が与えられたとき，生産関数 G を通して X_t が決定することを示している．K_t は (1.2) によってその経路が決定している．すなわち，t 期の資本から資本減耗分を引き，t 期の設備投資によって増えた資本を加えたものが $t+1$ 期の資本となる．ソローモデルの重要な理論的帰結は，資本ストックと GDP の成長率が人口成長率 $(L_{t+1} - L_t)/L_t$ に収束する，というものである．ところが，GDP 成長率が人口成長率に収束したという事実はこれまで観測されたことはなく，現実をより上手く説明できるようなモデルの開発が進んできた．技術進歩を考慮するソローモデルは，単純な拡張モデルの 1 つである．技術進歩のモデルへの組み込み方は 3 つに分類されるが，組み込み方によってそれぞれ名前がついている．今 $A_{1,t}, A_{2,t}, A_{3,t}$ は技術水準を表す変数とする．1 つ目はヒックス中立的技術進歩と呼ばれるもので，次のように定式化される．

$$X_t = A_{1,t} G(K_t, L_t)$$

ヒックス中立的な場合，$A_{1,t}$ は生産関数全体に作用し，与えられた K_t と L_t の下で X_t を増大させている．すなわち，生産のプロセスが効率的になるなど，生産関数の本質的な改善に由来するものだ．

2 つ目のハロッド中立的な技術進歩は，次のように定式化される．

$$X_t = G(K_t, A_{2,t} L_t)$$

この定式化では，より少ない L_t で同じ X_t を達成できるという意味で，労働節約型の技術進歩と呼ばれることもある．例えば，労働者が仕事に熟達するほど，少ない労働投入量で同水準の X_t を達成できると考え

られる.

3つ目はソロー中立的技術進歩と呼び，次のように定式化される.

$$Y_t = G\left(A_{3,t} K_t, L_t\right)$$

この定式化では，ハロッド中立的技術進歩とは逆に，より少ない資本で同じ X_t を達成できるため，資本節約型の技術進歩と呼ばれることもある．例えば，機械設備の運用年数を考えた時，運用時間が長いほど機械の劣化が進み，同水準の X_t を達成するための資本投入量は多くなるが，最新の機械を導入すれば，少ない資本投入量で同水準を達成できると考えられる．

生産関数 G は状況に応じて様々なモデルが適用されるが，コブ・ダグラス型の生産関数を仮定すると上述の3つの表現は同値となる．コブ・ダグラス型の生産関数は次のように定義される．

$$G\left(K_t, L_t\right) = K_t^\alpha L_t^{1-\alpha}$$

ここで α は資本分配率に相当するパラメータである．コブ・ダグラス型生産関数の仮定の下で，X_t の対数は次の通りとなる．

$$\log X_t = \log A_{1,t} + \alpha \log K_t + (1-\alpha) \log L_t \tag{1.3}$$

$$\log X_t = \log A_{2,t}^\alpha + \alpha \log K_t + (1-\alpha) \log L_t$$

$$\log X_t = \log A_{3,t}^{(1-\alpha)} + \alpha \log K_t + (1-\alpha) \log L_t$$

この時，第2項，第3項は全く同じ表現であるのに加えて，第1項は定数項としてまとめて識別される．従って，理論上は異なる技術進歩であっても，実証上はこれらのモデルは識別することはできない．

成長会計は，A_t，K_t，そして L_t が X_t に与える影響を分析する手法の1つだ．(1.3) から1期間のラグを引くと次のような表現を得ること

ができる．

$$\log \frac{X_{t+1}}{X_t} = \log \frac{A_{t+1}}{A_t} + \alpha \log \frac{K_{t+1}}{K_t} + (1-\alpha) \log \frac{L_{t+1}}{L_t} \qquad (1.4)$$

なお，コブ・ダグラス型生産関数における同値性から $A_t = A_{1,t} = A_{2,t}^{\alpha} = A_{3,t}^{(1-\alpha)}$ と仮定している．この式は，t 期の GDP 成長率が，A_t, K_t, L_t の成長率で説明できることを意味する．そして，X_t は資本や労働といった生産要素を増加させずとも，技術進歩などによって生産量が増加する可能性を示唆している．このことから，A_t は全要素生産性（Total Factor Productivity）とも呼ばれる．一般的に，A_t を観測することは難しく，実証分析では次式のように GDP 成長率から資本投入量の成長率と労働投入量の成長率を引くことで得られる，ソロー残差を A_t の代理指標とすることになる．

$$\log \frac{A_{t+1}}{A_t} = \log \frac{X_{t+1}}{X_t} - \alpha \log \frac{K_{t+1}}{K_t} - (1-\alpha) \log \frac{L_{t+1}}{L_t}$$

TFP 成長率に関する実証研究はこれまで数多く行われてきたが，その計測結果は様々である．二神・堀 (2017) では，この計測結果にずれが生じるのは，労働や資本の質の考慮の仕方によって生産要素投入量の計測の方法に違いが生じていることが一因であるとしている．

　労働の質を考慮する試みとして，Mankiw et al. (1992) 以来，人的資本を取り入れた拡張ソローモデルの計測が行われている．人的資本は，少子高齢化が進み生産年齢人口の減少が続く日本では，しばしば議論の対象になる．なぜならば，人的資本に投資することで，GDP 成長率の低下を防ぐことができるからだ．この問題意識に基づいた研究は多岐に亘り，例えば田中 (2017) では，社会人が教育機関に戻り，再教育を受けるという，リカレント教育が経済成長に果たす役割を理論的に分析している．同研究では，高齢化が進行する経済では，リカレント教育によって人的資本が蓄積するかどうかは，高等教育とリカレント

教育の関係性に依存して決まると報告している[2]．人的資本の計測自体も様々な実証研究がされている．例えば，徳井他 (2013) では国税調査のデータを用いて都道府県間の人的資本の格差指標を作成し，地域間格差について分析している．この研究によれば，1970 年から 2008 年にかけて人的資本の質の地域間格差は縮小傾向にあるが，依然として格差が存在すると指摘している．特に若年労働者の地域移動は人的資本の質的な格差では影響を与えていないものの，量的格差に大きな影響を与えているとしている．

資本の質を考慮する試みとしては，Solow et al. (1960) 以降のヴィンテージ資本モデルがある．このモデルでは，時間経過による資本の陳腐化や最新のテクノロジーによって効率化された機械の導入など，設備の更新に伴う形で，資本の質が表現され，90 年代の米国で起きた IT 技術の急激な浸透と，それに伴う好景気を説明するのに有用な概念である．日本におけるヴィンテージ資本に関する実証分析として，例えば，宮川・浜潟 (2006) がある．この研究では，90 年代に入り資本の経過年数は継続的に増加しており，この質の低下が労働投入量に対する生産量の上昇を抑制していたことを指摘している．

TFP 成長率の推計，或いは潜在 GDP 成長率の推計も長年研究されており，経済成長論の大きな関心事の一つだ．これらの推計にあたり問題となるのは，上述したように，推計モデルを所与としても，資本や労働の質に起因する指標の計測誤差が，回帰分析に混ざってしまう点である．鎌田・増田 (2001) ではこの問題を指摘した上で，生産要素の稼働率に計測誤差があるとして，明示的に定式化した．彼らは，ソロー残差をトレンド項に回帰し，その回帰における残差部分を稼働率の計測誤差とみなすことを提案している．石田・中澤 (2012) では，指標を集計する際に発生する平準化の誤差，回帰分析に伴う誤差，そし

---

[2] 高等教育とリカレント教育が補完的である場合，人的資本の蓄積が進む一方で，両者が代替的である場合，人的資本の蓄積が進まない可能性を指摘している．

て失業率の推定の際に用いられる UV 分析で発生する誤差を定量的に評価することで，潜在的な資本投入量と労働投入量を推定している．

この節では，技術進歩を取り入れたソローモデルの定式化と，それぞれの定式化に関連した実証研究を確認した．労働や資本の質，或いは技術進歩は経済成長と密接に関連しており，明示的に定式化しなければならない変数である．その一方で，モデルの同値性に起因する技術進歩の識別の問題や，抽象的な概念であるが故に発生する計測誤差など，注意深く扱う必要のある問題も多い．例えば，TFP 成長率の代理指標としてソロー残差が使われるが，ソロー残差が TFP 成長率の一致推定量となるかは自明でない．従って，二神・堀 (2017) でも指摘されているように，様々な定式化の下での実証結果を踏まえ，おおよその傾向を掴むことが肝要であろう．

1.2 確率的フロンティアモデル

確率的フロンティアモデルは，成長会計などの効率性の分析に用いられるモデルの一つであり，次のように定式化される．

$$X_{i,t} = G\left(F_{i,t}, \lambda\right) \cdot \left(TE_{i,t}\right)^{-1} \quad (1.5)$$

ここで，被説明変数 $X_{i,t}$ は t 期における i 番目の国の GDP 成長率，$F_{i,t}$ は t 期における i 番目の国の労働投入量や資本投入量を表す．λ は説明変数に対応するパラメータである．$TE_{i,t}$ はこのモデルで新たに導入される変数で，技術的非効率性を表す．この値は通常 $TE_{i,t} > 0$ の仮定が置かれる．すなわち，$G\left(F_{i,t}, \lambda\right)$ は実際の投入量によって達成されるべき潜在的な GDP を表しており，非効率性を表す $TE_{i,t}$ が加わることによって実際の GDP である $X_{i,t}$ が観測されるモデルである．

関数 G の定式化は様々な可能性が考えられることを前節で触れたが，

第1章 各分野の概観

コブ・ダグラス型の生産関数を仮定すると，一つの式で表せることを確認した．確率的フロンティアモデルが成長会計のモデルと整合的であることは，(1.5) の両辺の対数をとることで確認できる．

$$x_{i,t} = \lambda f_{i,t} - te_{i,t}$$

ここで，$x_{i,t}$，$f_{i,t}$，$te_{i,t}$ は対数をとった GDP 成長率，説明変数，技術的非効率性である．(1.4) と比較すれば，$te_{i,t}$ と $\log \frac{A_{t+1}}{A_t}$，$\lambda f_{i,t}$ と $\alpha \log \frac{K_{t+1}}{K_t} + (1-\alpha) \log \frac{L_{t+1}}{L_t}$ が対応することがわかる．回帰分析では，誤差項を加えた次のモデルを推定することになる．

$$x_{i,t} = \lambda f_{i,t} - te_{i,t} + e_{i,t}$$

技術的非効率性はそのものの値を推定することが難しく，相対的な非効率性を推定するか，非効率性の期待値のみが識別できる．相対的な技術的非効率性は次の回帰モデルから推定される．

$$x_{i,t} = \alpha + \lambda f_{i,t} - te_{i,t} + e_{i,t}$$

このモデルは，最小二乗法によって係数を推定することができる．ただし，固定効果推定の議論に基づけば，定数項 α は識別できず，$\alpha_i = \alpha - te_{i,t}$ のみが識別される．この時，技術的非効率性は，相対的な尺度である $\max(\alpha_i) - \alpha_i$ で捉えることになる．非効率性の期待値は，$te_{i,t}$ に分布を仮定する場合に計算される．技術的非効率性には $te_{i,t} > 0$ の条件が課されているため，半正規分布や指数分布などの確率分布が仮定され，最尤推定を元に非効率性の期待値が推定される．本書では技術的非効率性の確率分布に半正規分布を，誤差項の確率分布に正規分布を仮定したモデルを中心に取り上げる．

本書で取り上げる確率的フロンティアモデルの定式化を具体的に確認しよう．半正規分布に従う確率変数 $te_{i,t}$ と正規分布に従う確率変数

$e_{i,t}$ の確率密度関数は次で与えられるとする．

$$te_{i,t} = |U_i|, \quad U_i \sim N\left(0, \sigma_{te}^2\right)$$

$$e_{i,t} \sim N\left(0, \sigma_i^2\right)$$

σ_{te}^2 と σ_i^2 はそれぞれの正規分布の分散を表す．この定式化では σ_{te}^2 は i に依存していないことから，半正規分布に従って i 番目の技術的非効率性が発生していることになる．σ_i^2 は i に依存しているため不均一分散である．$\varepsilon_{i,t} = e_{i,t} - te_{i,t}$ の確率密度関数は次で与えられることが知られている．

$$f_i\left(\varepsilon_{i,t}\right) = \frac{2}{\eta_i \sqrt{2\pi}} \phi\left(\frac{\varepsilon_{i,t}}{\eta_i}\right) \cdot \Phi\left(\frac{-\varepsilon_{i,t} \gamma_i}{\eta_i}\right) \tag{1.6}$$

ここで $\eta_i^2 = \sigma_{te}^2 + \sigma_i^2$, $\gamma_i = \sigma_{te}/\sigma_i$ であり，$\phi(\cdot)$ と $\Phi(\cdot)$ はそれぞれ標準正規分布の確率密度関数と確率分布を表す．この確率密度関数を元に構築された尤度関数を最大化することによって，最尤推定量 $\hat{\alpha}, \hat{\lambda}, \hat{\sigma}_{te}^2, \hat{\sigma}_i^2$ を得ることができる．$te_{i,t}$ の分布を仮定する場合も，$te_{i,t}$ を識別することができないことが知られており，代わりに $E(te_{i,t}|\varepsilon_{i,t})$ の値に注目して分析を行う．$E(te_{i,t}|\varepsilon_{i,t})$ は Jondrow et al. (1982) によって導出された JLMS 推定量によって与えられる．

$$E(te_{i,t}|\varepsilon_{i,t}) = \left(\frac{\eta_i \gamma_i}{1 + \gamma_i^2}\right)\left(\mu_{i,t} + \frac{\phi(\mu_{i,t})}{\Phi(\mu_{i,t})}\right)$$

ここで $\mu_{i,t} = -\gamma_i \varepsilon_{i,t}/\eta_i$ である．この時，$E(te_{i,t}|\varepsilon_{i,t})$ の一致推定量は η_i, γ_i, $\varepsilon_{i,t}$ を最尤推定量で置き換えた値となる．

$$\plim_{N,T \to \infty} \left\{ \left(\frac{\hat{\eta}_i \hat{\gamma}_i}{1 + \hat{\gamma}_i^2}\right)\left(\hat{\mu}_{i,t} + \frac{\phi(\hat{\mu}_{i,t})}{\Phi(\hat{\mu}_{i,t})}\right) \middle| \hat{\mu}_{i,t} = \frac{-\left(x_{i,t} - \hat{\alpha} - \hat{\lambda} f_{i,t}\right)\hat{\gamma}_i}{\hat{\eta}_i} \right\}$$

$$= E(te_{i,t}|\varepsilon_{i,t})$$

実証分析の際に注意しなければならないのは，JLMS 推定量はあくまでも $\varepsilon_{i,t}$ が与えられた下での $te_{i,t}$ の期待値の一致推定量であり，$te_{i,t}$ の一致推定量ではない点である．$E(te_{i,t}|\varepsilon_{i,t})$ の分散は，以下の表現の標本対応で求められるため，JLMS 推定量とその分散を用いて技術的非効率性を評価する必要がある．

$$Var\left(E\left(te_{i,t}|\varepsilon_{i,t}\right)\right) = E\left\{E\left(te_{i,t}|\varepsilon_{i,t}\right) - E\left[E\left(te_{i,t}|\varepsilon_{i,t}\right)\right]\right\}^2$$

$$= E\left\{E\left(te_{i,t}|\varepsilon_{i,t}\right) - E\left(te_{i,t}\right)\right\}^2$$

$$E\left(te_{i,t}\right) = \sigma_{te}\sqrt{\frac{2}{\pi}}$$

　確率的フロンティアモデルは，上述したような最小二乗法や最尤法以外にも，セミパラメトリック推定，ノンパラメトリック推定，ベイズ推定など多岐に亘る手法によって推定されており，その研究成果は膨大である．詳しい解説や実証例は他のサーベイ[3]に譲るとして，本書では確率的フロンティアモデルを用いた経済成長に関する実証分析を取り上げることとする．上述したように，確率的フロンティアモデルは成長会計のモデルと整合的であり，実証分析でも TFP 成長率の分析と組み合わせることが多い．例えば，Otsuka (2017) では，日本におけるインフラストラクチャーと人口の集積が TFP の牽引要因となっているかについて確率的フロンティアモデルを用いて分析しており，国際的に競争力のある製造業者が地域に集中している場合，その地域の生産性が改善されることを指摘している．Koop et al. (2000) では，各国の経済成長率の比較に確率的フロンティアモデルを用いている．この

---

[3] 例えば，Fried et al. (2008) では確率的フロンティアモデルの背景にある効率性に関する経済理論や，ベイズ推定といったその他の推定手法が解説されている．

研究では，資本の稼働率や教育水準を明示的にモデルに組み込むことで，ハロッド中立的，および，ソロー中立的な技術進歩（前節における $A_{2,t}$ と $A_{3,t}$）を考慮しており，資本や労働の質を考慮するかどうかによって各国の経済成長率に対する資本や労働の寄与率が大きく変わることを報告している．

本書では第2章以降で確率的フロンティアモデルと因子モデルを合わせたモデルを検討する．因子モデルは次節で詳しく確認するが，このモデルでは $\alpha + \lambda f_{i,t}$ に相当する部分が観測できないという前提の下で，α, λ, $f_{i,t}$ を追加で識別することになる．因子モデルのパラメータの識別は，通常主成分分析法による推定か，最尤法による推定が用いられることになるが，(1.6) の密度関数の表現は確率分布を含んでいるため，尤度関数の最大値を与えるようなパラメータを解析的に得ることはできない．次節では因子モデルの推定と関連する問題点を触れ，Bai and Li (2016) による手法が誤差項の確率分布に関わらずに因子モデルを推定できる手法であることを確認する．

1.3 因子モデル

因子モデルは古典的な統計手法で，経済学に限らず，心理学や経営学といった分野でも活用されている．特に，計量経済学の観点からは，時系列データが任意の少数の時系列データを共有すると想定するモデルである．今，$i = 1, \ldots, N$ を横断面の添え字，$t = 1, \ldots, T$ を時間を表す添え字とする．この時，因子モデルは，i 番目の個体の t 期目の観測データ $X_{i,t}$ に対して次のように定式化される．

$$X_{i,t} = \sum_{k=1}^{r} \lambda_{i,k} F_{t,k} + e_{i,t}$$

この式は基本的な線形回帰式であるが,因子モデルでは左辺の $X_{i,t}$ のみが現実に観測される変数であり,右辺の $\lambda_{i,k}$, $F_{t,k}$, $e_{i,t}$ は全て観測できない変数となる. $F_{t,k}$ は回帰分析における説明変数に相当する変数で,共通因子と呼ばれる. $\lambda_{i,k}$ は共通因子の係数を表し,因子負荷と呼ばれる.因子モデルにおける一つの重要な仮定は,共通因子の数 r は少ない数($r << N$)とすることである.共通因子と因子負荷の積 $\sum_{k=1}^{r} \lambda_{i,k} F_{t,k}$ は,共通要素と呼ばれる. $X_{i,t}$ の内,共通要素で説明されない部分 $e_{i,t}$ は i 番目の個体の t 期における特有の値であり,個別因子と呼ばれる.標準的な線形回帰モデルにおいて $e_{i,t}$ は誤差項と呼ばれ,データの観測誤差などを配慮するための項である.ところが,因子分析は, $X_{i,t}$ の構成要素を探る手法であるため,誤差項という解釈は妥当ではない.このように $X_{i,t}$ が定式化できる時, $X_{i,t}$ は因子構造を持つという.ところで, $X_{i,t}$ はパネルデータであるため,横断面から見た表現,時系列から見た表現,そして行列の表現を得ることができる.本書ではそれぞれ次のように定義する.今,行列の転置を $'$ で表し, $F_t = (F_{t,1}, F_{t,2}, \ldots F_{t,r})'$, $\lambda_i = (\lambda_{i,1}, \lambda_{i,2}, \ldots, \lambda_{i,r})'$ とする.この時,横断面からみた表現は,

$$X_i = F\lambda_i + e_i$$

であり,それぞれ $X_i = (X_{i,1}, X_{i,2}, \ldots, X_{i,T})'$, $F = (F_1, F_2, \ldots, F_T)'$, $e_i = (e_{i,1}, e_{i,2}, \ldots, e_{i,T})'$ である.時系列から見た表現は,

$$X_t = \Lambda F_t + e_t$$

であり,それぞれ $X_t = (X_{1,t}, X_{2,t}, \ldots, X_{N,t})'$, $\Lambda = (\lambda_1, \lambda_2, \ldots, \lambda_N)'$, $e_t = (e_{1,t}, e_{2,t}, \ldots, e_{N,t})'$ である.行列の表現は,

$$X = F\Lambda' + e$$

であり,それぞれ $X = (X_1, X_2, \ldots, X_N)$, $e = (e_1, e_2, \ldots, e_N)$ である.

因子モデルは，推定に際して留意しなければならない問題がある．第1に，因子モデルには観測上同値と呼ばれる，因子モデルそのものに内在する識別の問題が存在する．正則な行列 H を考えた時，次のような因子モデルの変換が考えられる．

$$X = FHH^{-1}\Lambda' + e$$

$$= F^*\Lambda^{*\prime} + e$$

ここで $F^* = FH$，$\Lambda^* = \Lambda H^{-1}$ である．我々は F も F^* も観測できないため，どちらの共通因子を推定しているのかを知ることは出来ない．従って，推定するパラメータに r^2 個の制約条件を課すことで H を定める必要があることが知られている．第 2 に，r^2 の制約を課してもなお，推定しなければならないパラメータの数が非常に多いという問題がある．今 F_t を条件づけた時の $e_{i,t}$ の分布が平均 ΛF_t，分散 Σ_{ee} の多変量正規分布に従い，F_t 自身も平均 0，分散 Σ_{FF} の多変量正規分布に従うとする．この時，因子モデルの対数尤度関数は

$$\ln L(\Lambda, F, \Sigma_{ee}, \Sigma_{FF}) = -\frac{T}{2}\ln(\det(\Sigma_{ee})) \tag{1.7}$$

$$-\frac{1}{2}\sum_{t=1}^{T}(X_t - \Lambda F_t)'\Sigma_{ee}^{-1}(X_t - \Lambda F_t)$$

$$-\frac{T}{2}\ln(\det(\Sigma_{ee}))$$

$$-\frac{1}{2}\sum_{t=1}^{T}F_t'\Sigma_{FF}^{-1}F_t$$

となる．なお定数項は省略している．この時，制約を課さない場合に推定しなければならないパラメータの数は $\Lambda, F, \Sigma_{ee}, \Sigma_{FF}$，すなわち，$(Nr + Tr + N^2 + r^2)$ 個であり，$N \to \infty$ の時 $O(N^2)$ のオーダーで推定

しなければならないパラメータが増大してしまう．従って，標準的な最尤法で因子モデルを推定するには N を有限とし T を発散させた場合の最尤推定が議論の中心であった．さらに，実は $L(\Lambda, F, \Sigma_{ee}, \Sigma_{FF})$ は大域的な最大解を持たないことが知られており[4]，古典的な最尤推定による因子モデルの識別は，原理的に解決困難な問題を抱えている．

N が有限である場合の最尤推定量の理論的性質は，様々なモデルにおいて依然として有用な事実であるが，近年の情報化社会に伴う豊かなデータ環境では $N \to \infty$ の下での研究が必要とされる場合も多い．より現実的な状況に即したデータを扱える理論的枠組みは，Chamberlain and Rothschild (1982) によって導入された．彼らによって導入された近似的な因子モデルという枠組みでは，個別因子に系列相関や横断面上の相関を許しており，より現実的な状況を評価できるモデルである．さらに，Chamberlain and Rothschild (1982) で近似的な因子モデルの推定に使われた主成分分析法に則った推定は，T のみならず N を無限大にした場合にも，共通因子を識別できる．こうした進展を機に，因子モデルの主成分分析法による推定量の統計的性質が研究されるようになった．

主成分分析法に則った因子モデルの推定には，幾つかの理論的解釈が成り立つが，ここでは最小二乗法の文脈に沿って主成分分析法に則った解釈を確認する．一旦 $e_{i,t}$ を誤差項とみなし，残差二乗和を目的関数として，これを最小化するように共通因子と因子負荷を推定することを考える．すなわち，

$$\frac{1}{NT}\sum_{i=1}^{N}\sum_{t=1}^{T}(X_{i,t}-\lambda_i' F_t)^2 \tag{1.8}$$

で表現される．識別の問題を解決するために課される制約条件は幾つ

---

[4]Anderson (1958) を見よ．

かある[5]が，よく用いられる条件は $T^{-1}\sum_{t=1}^{T}\hat{F}_t\hat{F}_t' = I_r$ である．ここで I_r は $r \times r$ の単位行列を表す．ラグランジュ乗数法に従い，制約条件を含めた目的関数は次で表現される．

$$Q = \frac{1}{NT}\sum_{i=1}^{N}\sum_{t=1}^{T}(X_{i,t} - \lambda_i'F_t)^2 - \phi\left(T^{-1}\sum_{t=1}^{T}F_t F_t' - I_r\right)$$

ここで ϕ はラグランジュ乗数である．Q を λ_i について解くと，最小二乗法と同様に，$\lambda_i = (F'F)^{-1}F'X_i = F'X/T$ が得られる．そして，この解を Q に代入し，Q が最小になるように F_t について解くことで共通因子の推定がなされる．この時，Q が最小になるような解 F_t は，XX'/NT の固有値を降順に並べて，最初から r 番目までの固有値に対応する固有ベクトルに $\sqrt{T}$ を掛けたものとなる．

　主成分分析法による共通因子の推定（ここでは，単に主成分推定と呼ぶこととする）の実用上の利点は，その実装の簡便さである．目的関数を記述し，最大化の為に数値計算をさせる最尤推定とは異なり，XX' の固有ベクトルを計算し $\sqrt{T}$ 倍するだけで推定量を得ることができる．こういった事情もあり，因子モデルの主成分推定は理論研究だけでなく実証分析でも広く活用されている．

　主成分推定量における問題点は，近似的な因子モデルを仮定することで個別因子に系列相関や横断面に跨る相関を許す一方で，推定に際しては均一分散を前提としている点である．(1.7) の対数尤度関数に戻ると，線形回帰モデルにおける最尤推定と最小二乗法の推定量の同値性から，$\Sigma_{ee} = I_N$ という制約を課すと最尤推定量と主成分推定量が同値の値であることが確認できる．これは，不均一分散が個別因子に存在している場合，主成分推定量は効率的に推定できないことを表している．

---

[5]Bai and Ng (2013) では $F'F/T = I_r$ 以外に，ふたつの制約条件を考え，その推定量の漸近的性質を考察している．

第 1 章　各分野の概観

こうした経緯を背景に，最新の因子モデルの研究では再度最尤法による共通因子の推定に焦点があてられている．特に，Bai et al. (2012) や Bai and Li (2016) の研究では，共通因子の識別条件の考察だけでなく，古典的な最尤推定法とは異なる目的関数を用いることで，N と T を同時に大きくする二重漸近理論の下での最尤法を議論している．

ここで，Bai and Li (2016) の目的関数を確認するために必要な変数を定義しよう．個別因子の分散を $\Omega_t = E(e_t e_t')$ として，$\Psi = \mathrm{dg}(\frac{1}{T}\sum_{t=1}^{T} \Omega_t)$ を定義する．なお $\mathrm{dg}(\cdot)$ は非対角要素をゼロに置き換える関数である．共通因子の標本分散を $M_{ff} = \frac{1}{T}\sum_{t=1}^{T} \dot{F}_t \dot{F}_t'$ とする．なお $\dot{F}_t = F_t - \frac{1}{T}\sum_{t=1}^{T} F_t$ である．この時 Σ_{XX} を次のように定義する．

$$\Sigma_{XX} = \Lambda M_{ff} \Lambda' + \Psi$$

Ψ にゼロ制約がかかっており，M_{ff} も標本分散であるので，Σ_{XX} は X の母分散ではないことに注意しなければならない．さらに，$M_{XX} = \frac{1}{T}\sum_{t=1}^{T} \dot{X}_t \dot{X}_t'$，$\dot{X}_t = X_t - \frac{1}{T}\sum_{t=1}^{T} X_t$ とする．この時 Bai and Li (2016) の目的関数は次のように表現される．

$$\ln L(\Lambda, M_{ff}, \Psi) = -\frac{1}{2N}\ln|\Sigma_{XX}| - \frac{1}{2N}tr\left(M_{XX}\Sigma_{XX}^{-1}\right) \tag{1.9}$$

Σ_{XX} が X の母分散である時，この目的関数は Σ_{XX} がウィシャート分布に従う場合（すなわち，e_t が正規分布に従う場合）の尤度関数と見做せる．しかし，Σ_{XX} は母分散ではないため，M_{XX} と Σ_{XX} の間の距離を最小化するような目的関数と考えることになる．彼らの研究では，この目的関数を用いて共通因子を推定した場合，主成分推定によって得られる推定量より，分散の小さな推定量が得られることを明らかにした．

確率的フロンティアモデルでは，技術的非効率性 $te_{i,t}$ と誤差項 $e_{i,t}$ はそれぞれ半正規分布と正規分布をとるため，それらの和の確率密度関数は特殊な形をとることを確認した．特に $e_{i,t}$ には不均一分散を許

しているため，本書で用いる確率的フロンティアモデルは不均一分散を持つことになる．この場合，因子構造を確率的フロンティアモデルに組み込むと，$e_{i,t}$ の不均一分散の影響で，主成分推定では効率的に推定できず，結果的に $E(te_{i,t}|\varepsilon_{i,t})$ の分散にも影響を与えてしまう．しかし，Bai and Li (2016) による推定を用いれば，$\varepsilon_{i,t}$ の分布にかかわらず，主成分推定よりも効率的に共通因子を推定できるため，因子構造を組み込んだ確率的フロンティアモデルが識別できる．そこで，本書では Bai and Li (2016) の方法を利用した推定を試みることとする．

第 2 章 因子構造を持つ確率的フロンティアモデルの推定

2.1 モデル

本章では因子構造を持つ確率的フロンティアモデルの定式化と，その推定方法を確認していく．本章で使われる変数を定義しよう．共通因子の数を r とし，本章では既知とする．この時，共通因子 F_t を $r \times 1$ ベクトル，因子負荷 λ_i を $r \times 1$ のベクトルとする．個別因子 $e_{i,t}$ と技術的非効率性 $te_{i,t}$ はスカラーとする．この時，観測される変数 $X_{i,t}$ が次のような形で表現されるとする．

$$X_{i,t} = \alpha + \lambda_i' F_t - te_{i,t} + e_{i,t} \qquad (2.1)$$

$$= \alpha_{i,t} + \lambda_i' F_t + e_{i,t}$$

なお α は定数項であり，$\alpha_{i,t} = \alpha - te_{i,t}$ である．前章で確認したように，上記のモデルの中で現実に観測できるのは左辺の $X_{i,t}$ だけである．2本目の式では $te_{i,t}$ を定数項に含めている．次の節で確認するように $e_{i,t}$ の母平均がゼロでなくてはならないのに対し，$te_{i,t}$ が半正規分布に従う場合，その母平均がゼロとならないため α と $te_{i,t}$ がまとめて識別されることになる．ただし，このモデルにおける定数項は労働投入量と資本投入量の成長率がゼロである場合の GDP 成長率を表すが，全ての投入量が成長しないならば，GDP 成長率もゼロと考えられるため，$\alpha = 0$ であると仮定する．次の節ではこのモデルの推定に際し，置かれるべき仮定を確認していく．

2.2 仮定

(2.1) に置かれる仮定の内,仮定 1 から仮定 4 は全て Bai and Li (2016) で置かれる仮定と同様である.$\|\cdot\|$ は $\|A\| = \text{tr}(A'A)^{1/2}$ を表す行列ノルムとする.

仮定 1. 共通因子 F_t は,ある十分大きい定数 C に対して $\|F_t\| \leq C$ を満たす定数の過程である.$\dot{F}_t = F_t - \frac{1}{T}\sum_{t=1}^{T} F_t$ として,$M_{ff} = \frac{1}{T}\sum_{t=1}^{T} \dot{F}_t \dot{F}_t'$ を F_t の分散とする.この時,$\lim_{T \to \infty} M_{ff} < \bar{M}_{ff}$ となるような $\bar{M}_{ff} > 0$ が存在する.

仮定 2. 因子負荷 λ_i は全ての i に対して $\|\lambda_i\| < C$ を満たす.また,$\lim_{N \to \infty} \frac{1}{N} \Lambda' \Psi^{-1} \Lambda = Q$ を満たすような $r \times r$ の正定値行列 Q が存在する.

仮定 3. N と T に依存しない十分に大きな定数 C に対して,以下が成り立つ.

1. $E(e_{i,t}) = 0, E(e_{i,t}) \leq C$
2. $\tau_{ii,t}$ を Ω_t の (i,i) 要素とする.この時,Ψ の対角要素は $\xi_i^2 = \frac{1}{T}\sum_{t=1}^{T} \tau_{ii,t}$ であり,全ての i に対して,$C^{-2} \leq \xi_i^2 \leq C^2$ を満たす.
3. $E(e_{i,t}e_{j,t}) = \tau_{ij,t}$ とする.この時,全ての t に対して,$|\tau_{ij,t}| < \tau_{ij}$ かつ,$\sum_{i=1}^{N} \tau_{ij} \leq C$ を満たすような τ_{ij} が存在する.
4. $E(e_{i,t}e_{i,s}) = \rho_{i,ts}$ とする.この時,全ての t に対して,$|\rho_{i,ts}| < \rho_{ts}$ かつ,$\frac{1}{T}\sum_{t=1}^{T}\sum_{s=1}^{T} \rho_{ts} \leq C$ を満たすような ρ_{ts} が存在する.
5. 全ての $i, j = 1, 2, \ldots$ に対して以下が成り立つ.
$$E\left[\left|T^{-\frac{1}{2}}\sum_{t=1}^{T}\left[e_{it}e_{jt} - E(e_{it}e_{jt})\right]\right|^4\right] \leq C$$

仮定 4. Ψ の対角要素は $[C^{-2}, C^2]$ のコンパクト集合の中で推定される．また，M_{ff} の行列の要素は全て，集合 $[C^{-1}, C]$ の要素とする．

仮定 1 は共通因子に関する仮定である．本書では F_t を定数としているが，個別因子との独立性と，$\|F_t\| \leq C$ を $E\|F_t\|^4 \leq C$ に置き換えれば，F_t を確率変数としてもよい．仮定 2 は因子負荷に関する仮定である．Ψ は対角行列であるため，Λ の列ベクトルが線形独立でなければならないことを意味する．仮定 3 は個別因子に関する仮定であり，3-2, 3-3, 3-4 によって系列相関と横断面上の相関が許されている[6]．仮定 4 は最尤推定量を導出する際に必要となる理論的な仮定である．次の仮定 5 は $te_{i,t}$ と $e_{i,t}$ の分布に関する仮定である．

仮定 5. 1. e_t は，平均が $N \times 1$ のゼロベクトル，分散が $N \times N$ の Σ_{ee} となる N 変量正規分布に従う．
2. $te_{i,t}$ は，平均 0，分散 σ_{te}^2 の半正規分布に従う．さらに，全ての i と t に対して，$te_{i,t}$, $e_{i,t}$ は互いに独立である．

この仮定は，確率的フロンティアモデルで標準的に用いられるものであるが，特に $te_{i,t}$ の分布は最尤推定には干渉しないため，背後にある $te_{i,t} > 0$ が満たされる確率分布であるならば，どのような仮定を置いてもよい．ただし，$te_{i,t}$ に仮定した確率分布によって，$E(te_{i,t}|e_{i,t} - te_{i,t})$ の識別の方法が変わることに注意しなければならない．また，共通因子が確率変数である場合，全ての i と t に対して $te_{i,t}$ と F_t は互いに独立である，という仮定が必要である．

---

[6] これらの仮定は Chamberlain and Rothschild (1982) によって提案された近似的な因子モデルの条件を満たしている．

Σ_{ee} の (i,i) 要素を σ_i^2 とすると，この仮定の下で，$\varepsilon_{i,t} = e_{i,t} - te_{i,t}$ は次の確率密度関数を持つ．

$$f_i\left(\varepsilon_{i,t}\right) = \frac{2}{\eta_i \sqrt{2\pi}} \phi\left(\frac{\varepsilon_{i,t}}{\eta_i}\right) \cdot \Phi\left(\frac{-\varepsilon_{i,t}\gamma_i}{\eta_i}\right)$$

なお $\eta_i^2 = \sigma_{te}^2 + \sigma_i^2$, $\gamma_i = \sigma_{te}/\sigma_i$ である．この時，$\varepsilon_{i,t}$ の平均と分散は次のように計算できる．

$$E\left(\varepsilon_{i,t}\right) = E\left(e_{i,t} - te_{i,t}\right) = -E\left(te_{i,t}\right)$$

$$= -\sigma_{te}\sqrt{\frac{2}{\pi}}$$

従って，$\varepsilon_{i,t}$ の平均はゼロではないため，確率フロンティアモデルに因子構造を組み込んだ場合，$te_{i,t}$ は個別因子としてではなく，定数項として識別されることになる．Bai and Li (2016) の推定の場合，観測データの標本分散を，共通因子に起因する分散と，それ以外の分散に分けるように最尤推定が行われる．従って，$\varepsilon_{i,t}$ の分散が直接推定されることになる．$\varepsilon_{i,t}$ の分散は次のように計算される．

$$Var\left(\varepsilon_{i,t}\right) = Var\left(e_{i,t}\right) + Var\left(te_{i,t}\right)$$

$$= \sigma_i^2 + \sigma_{te}^2\left(1 - \frac{2}{\pi}\right)$$

従って，$\varepsilon_{i,t}$ の平均から計算された σ_{te} の推定量を用いて σ_i^2 が識別されることになる．

2.3 推定方法

技術的非効率性の推定は 2 段階に分けて実装される．第 1 段階では，得られたデータを元に Bai and Li (2016) の手順に従って定数項，共通

因子，因子負荷，個別因子，個別因子の分散の最尤推定値を得る．第2段階では，定数項と個別因子の和から，JLMS 推定量の計算に必要な η_i^2 と γ_i の推定量を得る．モデルを構築した際に触れたように，本来，定数項はゼロとは異なる値をとるが，今回分析の対象と考える成長率の分析においては，説明変数の成長率がゼロであるならば，被説明変数の成長率もゼロと考えることから，定数項はゼロであると仮定した．第1段階における定数項の推定値は，真の定数項と技術的非効率性の和となるが，真の定数項はゼロであるため技術的非効率性の推定値が定数項の推定値として得られることになる．ハットの記号で最尤推定量を，チルダの記号で主成分推定量を表すとして，以上の推定の過程をまとめよう．

ステップ 1: 観測されたデータ X に対して，(1.9) の目的関数を構築する．

ステップ 2: X の主成分推定によって得られた $\tilde{\lambda}_i$, $\tilde{M}_{ff}$, $\tilde{\Sigma}_{ee}$ を初期値として，識別条件の下で目的関数を最大化し，定数項 $\hat{\alpha}_i$, 共通因子 $\hat{F}_t$, 因子負荷 $\hat{\lambda}_i$, 個別因子 $\hat{e}_{i,t}$, 個別因子の分散 $\hat{\Sigma}_{ee}$ を得る．

ステップ 3: $\hat{\varepsilon}_{i,t} = \hat{\alpha}_i + \hat{e}_{i,t}$ を計算する．

ステップ 4: $\hat{\sigma}_{te} = \left(-\left(\frac{1}{T} \sum_{t=1}^{T} \hat{\varepsilon}_{i,t} \right) \sqrt{\frac{\pi}{2}} \right)^2$ を計算する．

ステップ 5: $\hat{\Sigma}_{ii}$ を $\hat{\Sigma}_{ee}$ の (i,i) 要素として，$\hat{\sigma}_i^2 = \hat{\Sigma}_{ii} - \hat{\sigma}_{te}^2 \left(1 - \frac{2}{\pi}\right)$ を計算する．

ステップ 6: $E(te_{i,t}|\hat{\varepsilon}_{i,t}) = \left(\frac{\sigma \hat{\gamma}_i}{1+\hat{\gamma}_i^2} \right) \left(\hat{\mu}_{i,t} + \frac{\phi(\hat{\mu}_{i,t})}{\Phi(\hat{\mu}_{i,t})} \right)$ を計算する．

本書では，因子モデルの識別条件として，次式をステップ 2 で用いる．

$$\frac{1}{N}\Lambda'\Sigma_{ee}^{-1}\Lambda = D, \quad M_{ff} = I_r \tag{2.2}$$

Bai et al. (2012) では，どの識別条件を用いて最尤推定量を計算しても，それらの推定量は相互に変換可能であることを示しているため，標準的に利用されている（2.2）を用いることとする．

2.4　シミュレーション

本節では，モンテカルロシミュレーションを通して，因子構造を持つ確率的フロンティアモデルが一致推定出来ているかを確認する．シミュレーションするモデルは次の通りである．

$$X_{i,t} = \lambda_i' F_t - te_{i,t} + e_{i,t}$$

$$\lambda_{i,k} \sim N(0,1)$$

$$F_{t,l} \sim N(0,1)$$

$$te_{i,t} = |U_i|, \quad U_i \sim N(0,1)$$

$$e_{i,t} \sim N(0,1)$$

共通因子の推定は，Bai et al. (2012) に基づき EM アルゴリズムを用いて尤度を最大化している．試行回数は 2000 回とし，各試行で計算された最尤推定量から計算されたトレース比，バイアス，標準誤差の平均を報告する．

トレース比は，推定の当てはまりの良さを測る尺度の一つである．例

表1 共通因子と個別因子の分散のトレース比，および，技術的非効率性の分散のバイアスと標準誤差

N	T	共通因子	個別因子の分散	技術的非効率性の分散	
				バイアス	標準誤差
10	30	0.775	0.734	−0.019	0.264
30	30	0.914	0.846	−0.003	0.157
50	30	0.936	0.856	−0.001	0.117
100	30	0.952	0.861	0.000	0.086
150	30	0.956	0.864	−0.003	0.068
10	50	0.804	0.838	−0.007	0.201
30	50	0.931	0.910	−0.001	0.116
50	50	0.951	0.916	−0.004	0.090
100	50	0.966	0.919	−0.002	0.066
150	50	0.970	0.920	−0.001	0.055
10	100	0.825	0.921	−0.006	0.149
30	100	0.941	0.956	−0.003	0.084
50	100	0.961	0.958	0.000	0.065
100	100	0.976	0.960	−0.001	0.046
150	100	0.981	0.960	−0.001	0.037

注：第3列目，第4列目はトレース比の平均を示している．第5列目は技術的非効率性の推定バイアスの平均を示している．第6列目は技術的非効率性の標準誤差の平均を示している．

えば，共通因子に対してトレース比は次の式で定義される．

$$TR(F) = \mathrm{tr}\left(\left(F'\hat{F}\right)\left(\hat{F}'\hat{F}\right)^{-1}\left(\hat{F}'F\right) \right) / \mathrm{tr}\left(F'F\right)$$

従って，この尺度では $\hat{F}$ が F に近いほど分子が分母に近づくため，$TR(F)$ が1に近づくことになる．表1の第3列目はシミュレーション上は観測することが出来る真の共通因子と，共通因子の最尤推定量のトレース比の平均を報告している．表1を見てわかる通り，N と T を大きくするにしたがって，トレース比が1に近づいており，技術的非効率性が存在する場合でも，共通因子がうまく識別出来ていることがわかる．$N = 10$，$T = 30$ といった非常に少ない標本下でも良く推定出来ている．また，古典的な最尤推定とは異なり，N が大きくなっても，共通因子が識別出来ている点も確認できる．第4列は個別因子の分散のトレース比の平均を報告している．本書の個別因子の分散は不

均一分散を許しているため，バイアスと標準誤差の報告ではなく，全ての分散が同時に一致推定出来ているかどうかをトレース比を用いて確認する．表1を見ると，個別因子の分散も共通因子と同様に N と T が大きくなるにしたがって，高い精度で一致推定できることが確認できる．第5列目と第6列目は技術的非効率性の分散の推定バイアスと標準誤差を報告している．N と T のどの組み合わせの場合もバイアスは負となっており，技術的非効率性の分散の最尤推定量は大きく推定される傾向がみられる．しかしながら標本が大きくなるにしたがってバイアスはかなり小さくなるため，推定そのものはうまくいっている．標準誤差も漸近的には小さくなり，技術的非効率性の分散は識別出来ている．

　本章では，因子構造を持つ確率的フロンティアモデルを具体的に定式化し，モデルに必要な仮定を踏まえて，実際のモデルの推定の実装方法についてまとめた．確率的フロンティアモデルが因子構造を持つ場合，技術的非効率性の項の存在によって主成分推定の効率性が落ちてしまう．共通因子の推定の精度が下がると，個別因子の分散が増加してしまうため，結果的に技術的効率性の分散が大きく推定されてしまう．JLMS推定量には技術的非効率性と個別因子の分散の推定量を使わなければならないため，期待値の推定の精度が下がってしまうことになる．期待値の推定精度の悪化は，そのまま結論を間違えてしまう可能性を高めてしまうので，不均一分散に十分に注意を払いながら推定を行う必要があるだろう．

第 3 章　実証分析

　本章では，因子構造を持つ確率的フロンティアモデルを実際のデータに適用し，GDP 成長率を共通因子，個別因子，技術的非効率性に分解することを試みる．この実証分析では，因子モデルと整合的であるコブ・ダグラス型生産関数を，経済モデルに想定する．第 1 章でも触れたように，コブ・ダグラス型生産関数を想定する場合，技術進歩は，その定式化に関係なく同値の表現となる．本章は，この技術進歩が技術的非効率性と対応しており，教育水準や資本の稼働率などの労働や資本の質は，技術的非効率性に集約されていると考える．

　用いるデータは経済産業研究所（RIETI）が提供する R-JIP データベース 2017[7] より，実質付加価値，実質純資本ストック，マンアワーの都道府県別データである．これらのデータを成長率に変換して分析を行う．今回の実証分析では，実質 GDP 成長率以外に，実質純資本ストックとマンアワーの指標をパネルデータに組み込む．これは，実質純資本ストックとマンアワーを構成する共通因子が，実質 GDP と同じ共通因子であることが予想され，パネルデータにこれらのデータを入れた方が，共通因子の推定精度が上がると考えられるからである．データの期間は，1973 年から 2012 年の 40 年間の年次データであり，$N = 143$ となった．ここで，同期間の実質 GDP 成長率と全国の実質純資本ストック成長率とマンアワー成長率を比較しよう．

　図 1 を見ると，実質 GDP 成長率はマンアワー成長率と連動して動

---

　　[7]このデータセットは https://www.rieti.go.jp/jp/database/R-JIP2017/index.html から無料で入手できるものである．

図1　実質GDP成長率、実質純資本ストック成長率、マンアワー成長率の系列

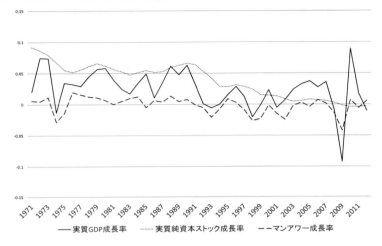

いている一方で，実質純資本ストック成長率は実質GDP成長率と無関係に下降しているように観察される．しかしながら，前述の通り，資本もGDPに影響を与える一因であり，こうした無関係に見える動きは資本の質を考慮した指標とはなっていないことが原因と考えられるだろう．

　図2と図3は，共通因子と技術的非効率性の推定結果である．共通因子の数はAhn and Horenstein (2013) による固有値の比の検定によって2個と推定された．なお技術的非効率性は，全てのiに対して得られるため，実質GDP成長率のグループ，実質純資本ストック成長率のグループ，マンアワー成長率のグループに分けてiに関して平均したものを載せている．

　図2は第1因子と第2因子が左軸，実質GDP成長率が右軸となっている．因子モデルでは，第1因子が観測できる変数に与える影響が最も大きく，第2因子，第3因子となるにつれて，小さな影響しか与え

第 3 章 実証分析

図 2　実質 GDP 成長率，第 1 因子，第 2 因子の系列

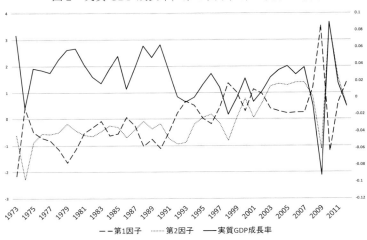

図 3　実質 GDP 成長率と各成長率の非効率性の系列

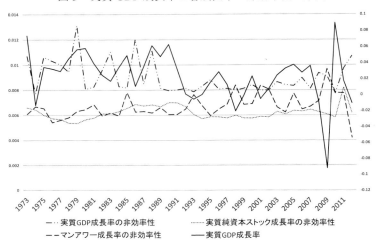

られない変数となる．図2を見ると，第1因子は正負が反転している[8]ものの全期間を通して実質GDP成長率と連動して動いている．第2因子は第一因子と比べて動きは小さいものの，やはり実質GDP成長率と連動して動いている．図1によれば，2009年近辺のリーマンショックの影響は，マンアワー成長率に大きな変動をもたらしている一方で，実質純資本ストック成長率にはあまり影響を与えていないように見えるが，図2の第1因子と第2因子の両方がリーマンショックに合わせて大きく変動しており，指標からは読み取れない資本成長率のGDP成長率への影響がうかがえる．

　図3は，実測値と理論値の乖離幅に相当する技術的非効率性が左軸，実質GDP成長率が右軸となっている．パネルデータに組み込んだ実質GDP成長率，実質純資本ストック成長率，マンアワー成長率の推定値を平均した系列をまとめているため，それぞれの技術的非効率性の平均的な動向を捉えることができる．実質GDP成長率の非効率性は，モデルの成り立ちから，計測誤差や労働，資本の技術進歩など，様々な要因を含んでいると考えるため，具体的に何を表しているかについて言及することはできないが，バブルの崩壊を境にその挙動が変化していることがわかる．実質純資本ストックの非効率性は全体を通して安定的な挙動をしているが2011年頃から少し不安定な動きが見られる．マンアワー成長率の非効率性は実質純資本ストック成長率の非効率性と比べて実質GDP成長率と連動した動きになっている．興味深い点はバブルの崩壊を機に，実質GDP成長率との間に負の相関関係を見いだせることだろう．すなわち，マンアワー成長率の効率性の上昇と実質GDP成長率の上昇に正の相関がみられる．実際，1990以前の実質GDP成長率とマンアワー成長率の非効率性の相関係数は0.02とほ

---

　[8]因子モデルでは，推定された共通因子は真の共通因子の線形結合で表される．すなわち，一致推定できるのは因子負荷と真の共通因子の積であり，共通因子の符号は識別できない．

ぼ無相関であるのに対し，1991年以降は −0.36 となり負の相関となっている．この結果の一つのあり得る解釈は，バブル崩壊以降の日本経済は慢性的な需要不足に直面している，というものだ．日本では，労働者を雇うと簡単に解雇することができないことはよく知られている．従って，不況となっても労働者を解雇できずマンアワーを投入することになる．しかし，不況下では需要そのものが不足しており，そのマンアワー投入が売り上げにつながらないことになる．一方で，好況下では，不況下で何もしていなかった労働者が働くため，結果としてマンアワー成長率の非効率性と実質 GDP 成長率の間に負の相関関係が発生する，という解釈だ．

最後に図 1 で示した実質資本ストック成長率と，マンアワー成長率が，作成したパネルデータの共通因子と見なせるかどうかについて，Parker and Sul (2016) の手法を用いて検討した．彼らの手法は，もし共通因子が観測されると考えた場合，観測される共通因子の影響を回帰式によってパネルデータから取り除けば，推定される共通因子の数が減らなければならない，という考えを元に構築されている．この手法に従って，パネルデータを実質純資本成長率とマンアワー成長率にそれぞれ回帰し，その残差から共通因子の数がいくつ推定されるかを確認した．その結果，共通因子の数は変わらず，2個と推定され，観測できる資本と労働の指標は共通因子とならないことが確認された．すなわち，少なくとも観測されている労働と資本のデータは，労働と資本の投入量の代理指標としては不適切であり，労働と資本以外の要素を考慮する必要性を示唆している．

本章では，第 2 章で提案した因子構造を持つ確率的フロンティアモデルを元に，日本の実質 GDP 成長率の要因分解を行った．推定の結果，共通因子は 2 個と推定され，どちらの因子も実質 GDP 成長率と連動している事が観察された．これは，実質 GDP 成長率をけん引していると考えられるマンアワー成長率と実質純資本ストック成長率の内，実

質 GDP 成長率と無相関であるように観察される．実質純資本ストック成長率の動きからは導き得ない結果といえるだろう．また，Parker and Sul (2016) の検定によれば，マンアワー成長率と実質純資本ストック成長率は，共通因子の代理指標とはみなせず，各々の指標を労働，資本投入量の代理指標として用いた場合，推定値に何らかのバイアスが出る可能性が判明した．また，推定されたマンアワー成長率の技術的非効率性の平均値は，バブルの崩壊以降，実質 GDP 成長率と負の相関関係にあり，日本経済の慢性的な需要不足を示唆する結果となった．

第4章 終わりに

　本書では，成長会計における技術進歩を識別するモデルの一つとして，確率的フロンティアモデルに因子構造を導入した．成長会計が拠り所とするソローモデルは，マクロ経済学に大きな影響を与えたモデルの一つであるが，その簡潔さが原因で生まれる計測誤差や欠落変数のせいで，成長会計をベースとした実証分析は正確さに欠けると言わざるを得ないだろう．確率的フロンティアモデルは，こうした生産関数が達成すべき産出量と現実の産出量の乖離を識別すべく考案されたモデルの一つである．因子モデルは，これらの歴史とはまた別に統計学で用いられてきたモデルであるが，特に，主成分推定量が最尤推定量と一致することが示されて以来，理論研究の発展がめざましい．本書が大きく依拠している Bai and Li (2016) の研究成果は，非常に広範な因子モデルを識別できることを示しており，誤差項部分に特殊な確率分布を仮定しなければならない確率フロンティアモデルに因子構造を組み込むことを可能にしている．本書では，技術的非効率性を通して労働や資本の質を識別しているため，原理的には労働や資本の線形結合である共通因子と技術的非効率性は相関しているはずである．第2章以降，技術的非効率性と共通因子が独立であるという仮定の下で議論を進めたが，この両者に相関を許したモデルが識別できる場合，技術的非効率性がどの因子と相関が高いかを推定することで，技術的非効率性と共通因子の関係性を明確にできると考えられる．

　実証分析では，因子構造を持つ確率的フロンティアモデルを，日本の都道府県別実質 GDP 成長率，実質純資本成長率，マンアワー成長

率を含んだパネルデータに適用した．推定された共通因子は，あくまでも真の共通因子の線形結合であることに注意しなければならないが，実質GDP成長率の背後にある二つの因子が，指標上の挙動とは異なり実質GDP成長率と連動していることが観察された．特に，バブル崩壊を機に実質GDP成長率とマンアワー成長率の非効率性に負の相関がみられる点は，現状の日本の経済成長が資本成長率よりも労働成長率に影響を受けていることを示唆している．今回の分析では，R-JIPデータベースのパネルデータを用いたが，他のデータセットでも同様の結論が得られるか，そして，推定された共通因子が労働や資本とどのように関連しているか，などの点はさらなる考察が必要である．

参考文献

Ahn, Seung C. and Alex R. Horenstein (2013) "Eigenvalue Ratio Test For The Number of Factors," *Econometrica*, Vol. 81, No. 3, pp. 1203–1227.

Anderson, Theodore Wilbur (1958) *An Introduction to Multivariate Statistical Analysis*, Vol. 2: Wiley New York.

Bai, Jushan, Kunpeng Li et al. (2012) "Statistical analysis of factor models of high dimension," *The Annals of Statistics*, Vol. 40, No. 1, pp. 436–465.

Bai, Jushan and Kunpeng Li (2016) "Maximum likelihood estimation and inference for approximate factor models of high dimension," *Review of Economics and Statistics*, Vol. 98, No. 2, pp. 298–309.

Bai, Jushan and Serena Ng (2013) "Principal components estimation and identification of static factors," *Journal of Econometrics*, Vol. 176, No. 1, pp. 18–29.

Chamberlain, Gary and Michael Rothschild (1982) "Arbitrage, factor structure, and mean-variance analysis on large asset markets."

Fried, Harold O, CA Knox Lovell, and Shelton S Schmidt (2008) *The Measurement of Productive Efficiency and Productivity Growth*: Oxford University Press.

Jondrow, James, CA Knox Lovell, Ivan S Materov, and Peter Schmidt (1982) "On the estimation of technical inefficiency in the stochastic frontier production function model," *Journal of Econometrics*, Vol. 19, No. 2–3, pp. 233–238.

Koop, Gary, Jacek Osiewalski, and Mark FJ Steel (2000) "Modeling the sources of output growth in a panel of countries," *Journal of Business & Economic Statistics*, Vol. 18, No. 3, pp. 284–299.

Mankiw, N Gregory, David Romer, and David N Weil (1992) "A contribution to the empirics of economic growth," *The Quarterly Journal of Economics*, Vol. 107, No. 2, pp. 407–437.

Otsuka, Akihiro (2017) "Regional determinants of total factor productivity in Japan: stochastic frontier analysis," *The Annals of Regional Science*, Vol. 58, No. 3, pp. 579–596.

Parker, Jason and Donggyu Sul (2016) "Identification of unknown common factors: Leaders and followers," *Journal of Business & Economic Statistics*, Vol. 34, No. 2, pp. 227–239.

Solow, Robert M et al. (1960) "Investment and technical progress," *Mathematical Methods in the Social Sciences*, Vol. 1, pp. 48–93.

鎌田康一郎・増田宗人 (2001)「統計の計測誤差がわが国の GDP ギャップに与える影響」,『金融研究』, 第 20 巻, 第 2 号, 123–170 頁.

宮川努・浜潟純大 (2006)「ヴィンテージ資本と更新投資循環」,『日本経済研究センター, ディスカッションペーパー』, 第 94 号.

石田良・中澤正彦 (2012)「GDP ギャップの推計誤差の評価」.

田中茉莉子 (2017)「リカレント教育を通じた人的資本の蓄積（平成 28 年度国際共同研究「人口減少が経済社会に与える影響」（マクロ経済成長への影響）—（マクロ経済成長への影響）」,『経済分析』, 第 196 号, 49–81 頁.

徳井丞次・牧野達治・児玉直美・深尾京司 (2013)「地域間の人的資本格差とその要因」,『経済研究』, 第 64 巻, 第 3 号, 256–268 頁.

二神孝一・堀敬一 (2017)『マクロ経済学』, 有斐閣.

著者紹介

堀江　哲史

2013年　学習院大学経済学部経済学科早期卒業
2016年　一橋大学大学院経済学研究科経済理論・経済統計専攻博士前期課程卒業
現在　　一橋大学大学院経済学研究科経済理論・経済統計専攻博士後期課程3年生
　　　　元・三菱経済研究所研究員

因子構造を持つ確率的フロンティアモデルの推定
―日本のGDP成長率の要因分析―

2018年6月10日　発行

定価　本体800円+税

著　者　堀　江　哲　史
発行所　公益財団法人　三菱経済研究所
　　　　東京都文京区湯島4-10-14
　　　　〒113-0034　電話(03)5802-8670
印刷所　株式会社　国際文献社
　　　　東京都新宿区高田馬場3-8-8
　　　　〒169-0075　電話(03)3362-9741〜4

ISBN 978-4-943852-66-7